KB204291

꿈속의 글

우주의 메시지

꿈속의 글

우주의 메시지

글. 혜명 혜륜

맑은소리
맑은나라

서문

혜명 혜륜

글을 써보니 그렇습니다.

사실적인 것과 현실적인 것, 혼돈의 시간을 거쳐 혁신적인 것이 모여 완성되는 것이 글이기에 시행의 오차가 있을 것이나, 시공의 차이에서 오는 혼돈이니 그대로 흘러갈 때 해결 되리라 봅니다.

아직은 어린 행동에 의해 상반된 에너지도 없지 않아 있지만, 그 많은 걸 경험했거니와 경험 없이 표현했던 것 또한 인성의 차이에 표현 부족으로 난해한 언어표현을 감추지 못해 일어나는 현상도 있었으니 무리한 판단은 아니었습니다.

새로운 길의 시작에 오차의 차이가 빚어낸 것이기에 그 또한 무의식이라, 무의식에서 나오는 것이라 현실성을 보자면 부족하다면 부족할 것이고, 그렇지 않다면 그렇지 않을 것이니, 난해한 부분들은 통신의 발달로 해결이 되어 이 글을 현실성에 부여하니 결과는 명백한 것입니다.

각자 받아들이는 영성의 차이가 있으니 진실은 진실의 글이기에 비호산 달무리의 지난 글 속에 부족함에 조금은 아쉬움이 남지만 이대로 멈출 수 없는 것이기에 다시 한번의 기회로 시작하며 현실성에 힘입어 도전의 기회 앞에 무릎 꿇고 내려놓을 것 없는 작용이 그러하기에 놓으나흘러가는 머무름 없는 곳에 사람의 마음을 염원에 실어 너 나 할 것 없이 서로에게 행복을 안겨주는 삶을 참으로 거룩한 일일 것입니다.

이 한 권의 글과 시詩가 남긴 교훈은 세상의 빛이 되길 바라며 이 세상에 남아있는 자비로운 자들만이 세상을 빛낼 것입니다.

아무리 겁박劫縛 당하고 핍박을 당하여도 나는 내일을 해 나갈 것입니다.

시대의 흐름에 계합하여 우리 불법佛法이 세상에 펼쳐질 수 있도록 세간에 시기, 질투는 당연한 것이기에 현명한 자만이 실제 공空에 계합하고 실로 그걸 써도 부족함이 있으나 그렇다고 신성神性의 도道에 물들어 살기만을 바란다면 허물이 아닐 수 없기에 어리석은 자만이 자기 생각에 빠져 실질적 행적 행동을 보게 하는 게 전부일까!

성인의 도道에 나가면 그걸로 써 해결되리니…

갈대에 열린 홍시가 있을까마는 다들 그들의 지견知見으로 볼 뿐이지만 이제 여기 사바의 늪에서 때묻지 않는 인연으로 '꿈속의 글'로 다시 태어나 보렵니다.

또한 불조님들의 본문을 인용하여 송구한 마음으로 엎드려 눈물로 참회합니다.

끝으로 이 시집을 발간함에 있어 〈꿈속의 글〉 평론을 해주신 금강승가회 회장님이신 정암스님께 감사 인사를 드립니다.
또한 항상 은혜를 베풀어 주시고 이끌어 주셨기에 진심으로 감사드립니다.
그리고 이 자리를 빌려 그동안 부모님과 같은 사랑으로 은혜를 베풀어 주시고 글을 쓰면서 난해했던 부분 교정에 도움을 주신 은사스님이신 도성 큰 스님께도 진심으로 깊은 감사의 인사를 올립니다.

壬寅年 夏 혜륜 합장

8

차례

12

13

14

평론

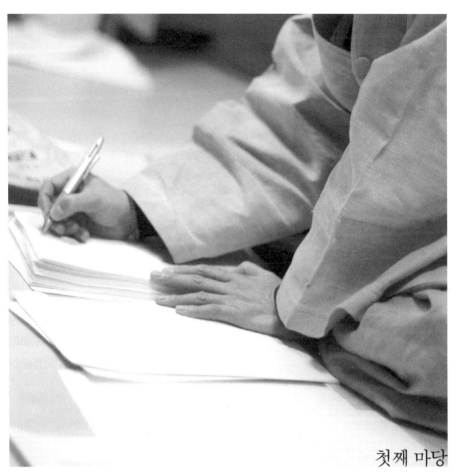

첫째 마당

백지와 펜

여정 余靖

흘러가는 세월은 잡고 놓고 하는 게 아니었지
다가올 것에 대한 설레임으로 살아갈게

시작도 끝도 없는 우주의
11월의 향기는
하나의 작은 씨앗에 불과하지

지나는 낙엽 길은 그로 인해 고맙다는 인사를 하게 했어
색色 · 성聲 · 향香 · 미味 · 촉觸법法을 부셔
가는 먼지로 만들 수 없어도
나로 인해 살게 하는 이유로 파고드는 시작이였지

전지전능 全知全能

문명 속에 변하지 않고
발전해 가는 인간의 능력은
우주과학에 도달하는 것 또한
세상을 움직일 수 있는 힘이 있다

우리로 하여금 보고 듣고 하는 것은
바로
그런 것들에서 깨달음에 나아가는 것이었다

자성의 본래 힘

삶 속에 무너지는 것 다시 찾았을 때
그 순간들이 최고의 승리자

세상 속에 있으면서 자기 자신을 보고
존재에 감사하며

불법에 귀의해 세상을 이롭게 하는
존재가 되어가는 것

참으로 갸륵한 삶이다
스스로 꿈과 희망을 주는 그런 날들이 되길…

하나 되는 것

나는 나
너는 너
서로의 관계 속에 살찌우는 건
결국 하나 되는 것

여기에 더하는 건
순간을 알아차리며 현실을 직시하는 것

메시지 1

거기에 우주가 있고
거기에 성불이 있다

세상에 던지는 메시지는
바로 이런 것이다

미생전 未生前

차밭에 있다고
이미 차를 마시는 건 아니다
결과로 인해 먹는다

모든 걸 이뤘다 한들

금생에 행복의 꽃이
희로애락에 갇혀 사는
시간을 모태에서 지켜보았다

인간의 성정性情

인간에 따라 갖고 있는 성정性情이 다들 같지만
다르듯 상처뿐인 심성에는 아닌 사람도 지니고 있다
까르마로 인해 그렇고 덕德으로 인해 다른 것이다

믿음에 뜬 눈

세월 따라 변한다 해도
믿음에 이렇게 그 눈을 뜨니

이제 세상을 노래하고
진리에 순응하리니

교감交感 1 (식물)

봄바람이 지나갈 때
너에게 말했지

널 따라
나도 갈게

모든 것 놓고
아는 것 없이

식물의 교감만으로도
충분해

교감交感 2 (햇살)

우리는 봄 햇살
사랑이 왔다 했어도

사실은 몰랐어
사랑이란 걸

사랑은 말이야
봄이야

나 때는 말이야
구시久視로 열매 맺었었지

창공에서

거기서 나를 볼 때
거기에 나로 하여금

오래오래
봄이 되어 줄게
약속해

백지에 쓴 글

백지에 쓴 글이
백지로 돌아왔으니

그 답은 내게 있다

업 1

지고 가는 것이나
업고 가는 것이나

힘든 육신이 고달픈 건 마찬가지지
다 욕심 때문이지

도道

진정한 것은 도道의 길
삶과 존재가 이어지는 지금

우리 삶속에 진정한 도道는
그때 시詩 삶이 진리인 것을

홀로 가는 길에서

선택의 귀로에 서서
마음에 이는 갈등을 물리치고

세상이 부른다 해도
이제는 두렵지 않아

무릎에서 미륵의 연꽃이 피어날 때
이미 그러했지

지장보살의 위신력에
육환장의 탁증이 그러했지

어둠 뚫고 시각始覺을 열어 이 지견知見을 내놓으려니…

가면 벗기

삼라만상은 말했지
진심 속에 숨은 거짓도 있다 했지

가면을 벗을 수 밖에 없었던…
왜일까

이제는 나를 보여 주려는 거야
세상에 나가 세상을 보며

세상에 나를 내놓을 거야

그 답은

깨어 있으면서 종소리 울림에
잠깐의 휴식만이 나를 깨웠었지

아침나절 까치소식에
도道의 근원으로 들어가는 삼매의 경지는
하나의 허상

시원始原의 근원에
내면에 자신의 나와 너를 하나로 승화 시키는 힘
깨어난 지금 신령한 힘을 믿는 건 좋으나

자아실현에 장애일 뿐

숨은 비결

단전에
정수리에
손끝에

시간을 시각始覺으로
향하는 영원불멸의 세계로

해탈解脱 세계

달그락거리는 소리는 소리에 지날 뿐
순간도 쉼 없이 굴러가는 운명의 수레바퀴 앞에
그저 묵묵부답이었지

비로자나 불이
협신불이 그러했고
신령스러운 기운들이 그러했지

법신法身의 영역에서 그러했듯이
그저 혼란을 가져오지 않는다는 걸
깨우쳐주었지

홀로 가는 여인

세계시대에 부합하며 이제 다시 시작해 보련다
백지가 백지가 아니듯이
새로운 걸 백지에 그려 놓기 시작할 때부터
이미 백지가 아니었지
지상낙원을 꿈꾸는 이들의 세계에서
홀로 가는 여인의 광체光體는 가장 위대한 것을…

카르마

산 짐승들도
지저귀는 새들도
인간들도

목적에 의해서가 아닌
업에 따라 존재하는 사물이
결국 카르마로 인해 형성된다

수은등

나
내 삶 속에 숨은 노을 보았다네

지금은 흘러버린 세월로 있지만
신령한 달무리는 그 까닭을 알았을까!

미소 나라였고
세상은 밝았다

지난 울림이 말했었어
밤길 속에 수은등도 노래했다지

묻지 않아도 답은 있다

밤새워 백지에
써 놓은 글은 사라져도

그 또한 광명光明이려니
어찌 마다하겠는가!

간밤의 아쉬움을 채우려
다시 펜을 드노니

존재에 대해
시방十方은 항상 밝아 빛나나니…

여래께 바치는 노래

시방十方은 항상 밝아 빛나나니
거룩한 이여!

그대의 성상에 무릎 꿇고 두 손 모아
우러러보나이다

이대로 간다 해도
서원의 끝이 있다 해도

이 마음 영원하리!

호흡

호흡과 호흡 사이
별이 되어 비출 수 있음이

세상천지 또 그 무엇을 바랄까
심성에 피는 꽃은 몰랐어도

지장의 위신력은 익히 알고 있지!

교류

내 가슴에 자리 잡고 있는 고향의 정기는
아직도 내게 힘을 불어넣어 주고 있으니
함께할 사람과 멀어져야 할 사람 사이의 가치
인정하고 받아들이며 교류하는 시간이
자유로운 영원의 길이 되길 바라며…

세상에 나가면

세상일에 나의 것
내려놓을 것

세상에 나가면
내 사람과 아님도
구분해 내야 한다

새로운 탄생

산천은 노래했지
항상 하는 그림자에
기대는 건 어리석은 것

그래도 좋았어
흔적일지라도
변해버린 없는 흔적을 찾아

또 한 장의 백지에 어여쁜
체색體色을 물들일 수 있으니…

쉼 없는 쉼

쉼은 쉼이 아니지
또
쉼은 무기력
쉼이 아닌 쉼은
시작을 준비하는 것

인연

콩 나무는 사라졌어도
씨앗은 남아 있듯
실체가 그렇고
또한
그 씨가 남아 다음을 기약하고
그 인연을 만나 또 근본에 계합하니
또 다른 인연으로 인해 세상을 열어 가더라!

한마음

싫다 좋다 했지
두 마음 그곳
한마음에서 나오더라

우주 공간

한 공간에서 서로를 호흡하며
또 다른 에너지로
우주 공간에 자리하니
그걸
우린 마시고 들이고 내고 쓰고 있는 거지

와불

선정 후 와불은 사라지나
그 영역이 미치는 영향력은
그대로 광명이 될 것이다

시작은 곧 완성

시작은 곧 완성을 향하는 지름길
하나로 끝나지 않고
신성한 도량을 절대 의지로 유지해 왔다
금생의 인연들을
대인大人의 시각을 넘어서는 경지로
한 발자국 건너보니
그 세계가
오묘한 경지에 밝아지니
영롱한 빛이 그대로다

고뇌

글로 쓰는 수고 끝은
환상의 노래가 심금을 울리듯이
고뇌는
누구의 것도 아니니
변함없는 세월은 아닌 듯

우주의 에너지

우주의 에너지는
얼마나 많은 걸 부여했던가!
능력대로 사는 것이 처음 시점

모든 것들을 다 수용해
온 세상을 다 집어삼켜도
남음이 있었더라!

둘째 마당

세상 속으로

사랑 나이

사랑을
사랑만큼
사랑한다면

사랑이 몇 살인지
나이가 몇 살인지!

모를걸

함축해 사는 것

실개천의 노랫소리
끊기지 않는
세월 속에서 그렇게 살았더라!

갈망

북극성에 와서도
초신성에 와서도
시나의 갈망은

시해戶解로 어우러지는
독보적인 존재가 되어서는 아니되듯
함께하는 지구촌의 세상으로

직감

생각은 있으나
생각 없이 하는 거라
미래 예언도
신령스런 가피도
신통으로도
밝아져 보는 것만 같지 못하리니

고명여래

고명高明여래는 항상 일로일로 하니
그저 묵묵히
지은 것들을 세상에 내보이며
단상에 바치니 그것은 해농을(햇무리)의 결과리라!

소통

가슴을 열고 시행의 오차를
감지하며 받아들인다

겪어보지 않고 아는 것이나
겪어 보았던 것이거나

가능성의 일부가
회복시킬 것이다

흔적

어둠과 미혹에 못다 한
글을 쓰려니

흔적을 지우려
흔적을 쓰노니

세상 일은
나의 것에서부터 내려놓는다

시주자

공감의 공간을 함께해 보는 최고의 길은
마지막까지 없어지지 않는
보시자가 주는 후회 없는 삶

그것 또한 그들의 삶의 목적이니까
그들의 역방향의 삶도
그에 상응하는 것들도 있지

나를 유혹하며 세상이 불러도 그랬지
그대로였던 나

독백

밤사이 홀로 앉았는데
누구의 부름이 있었나!

세상은 참 우습구나!
눈에 보이는 것만 보고 사는 세상사世上事

그래도 좋다
의리로 사는 세월에 힘을 두고

세월 앞에 굴러보며
여기 이렇게 몇 자 적어보았다

원동력

부처를 노래하고
진리에 관하여 심리를 해석하고
삶을 통찰하고 지혜를 쓰고

중생의 흐름 속에서
부처와의 만남을 세상에 전하며 열어 보이고

영적 능력을 부여받았을 때
원동력 그것은 어쩌지 못하더라

사람 사는 거 별거 아냐

순리에 순응하며
살아가는 삶에
인생의 무상도 별거 아니구나 했지
노고의 답은 철학 속에

주제 없는 글

오늘도 노래한다
무엇을 하고자 그 손끝은 그리 바쁜가!
백지에 쓰는 것이 나인가!

표현해 내고
쓰고 또 썼어도
주제 없는 글인 것을

밝음 1

오늘도 내일도
세상은 새롭게 변해가고 있는 거야

서 있을 때도 앉아 있을 때도
소소영영한 자신을 보게 될 거야

얼마나 뚜렷한지
행복한 삶인지!
봐 봐

설렘

가슴에 숨은
내 영혼을 물어와
거기에 숨은 것을 찾아와

감지感知해
현실에 다가오는 것은
설렘의 시작인 걸

도전의 시작

참으로 귀한 시간의 삶은
어떻게 무엇으로 할까

정성이 다하여지면
영혼의 심판이 있어도 두렵지 않아

새로움으로 나가는 시작은
도전의 시작일 것이니…

밝음 2

만물이 두루두루 성성한데
무엇을 놓을 것인가!

불생불멸

무엇을 세상에 전할 것인가!
그에 상응하는 것이 무엇인가!

인생의 마지막 순간에도
후회 없는 그런 삶을 바랄 때
영적 능력을 쓴다 해도 그건 일시적인 것

영원한 불생불멸의 세계로 향해 가는 것이
가장 큰 행복

지장보살

한 손에 육환장
또 한 손에 마니주

비호산을 들어와 본들
꿈적할 소냐마는

인연에 의해 인간고통 지옥중생 구제
서원력의 위신력을 세상에 드러내었도다!

※ **비호산** : 혜륜의 고향의 산 이름 (옛날에 호랑이가 살았고, 또 산 모양이 호
랑이를 닮았다 해서 붙여진 이름)

새로운 길에

세상에 내놓을 수 없는 걸
내놓았을 때

사람과 사람 사이의
인연 고리는 이어지리라

감각

에너지의 시각^{視角}적보다는
서로의 감각이 중요할 때도 있지

만나보면 알지

세상 속으로

네가 날 때려도
나는 널 때릴 수 없지

밤새워 쓰는 글들이
그 대가라 해도 좋다

세상 속으로 가는
길이 될 수 있으니

나를 완성시키고
세상을 밝히는 길이 된다면…

보살행

각자 자기 의지대로
보살행을 하고 얻지 않는다

그 어떤 과정도 쉬운 게 아니니
그 어떤 것도 이제 의심하지 않는 다

완전한 완성일 테니
깨우침을 쓸 때

나를 펼칠 때는 세상을 이롭게 하나니

셋째 마당

미륵님 소식

소식 1

날아드는 것
거기에 답이 있었다
뭔고 하니,
잠 없는 시간을 써야 하는 이여!
참으로 갸륵하구나!
세상이 보일 것이고
세상이 알아 줄만할 것이니
조금만…

가치관

실 속에 바늘이 들어갈 수 없듯
더 많은 걸 보고
우주를 향해 정진하여라

그리하면 네 안에 숨 쉬고 있는
가치관이 바뀌게 될 것이니
세월의 긍정의 노래가 될 것이다

무의식

무의식에 앉아 미소 질 때
한낮 세월의 흐름을 볼 소냐

찬바람이 일어 몰고 오는 건
신성한 믿음에 부합하노니

넷째 마당

우주의 소식

상상도 想像道

신선神仙의 도道가 있는 곳에
인산人山의 기운은 작용한다
사람마다 다르게

전차 타고 글 쓰는 날도
무지개 타고 글 쓰는 날도

자유인

세상을 위주로 돌아가는 것
내가 있기에

가고 오고 느끼고 하는 것이니,
현상에 집착을 내려놓을 때

비로소 시각始覺을 쥐었다 할 수 있을지니

낙서

아직도
일곱 자루의 연필이
필요한 나이

낙서가 전하는 메시지는
세상 속에서

절대적 존재 가치

삼라만상이 어우러져
절대적 존재 가치로 여기 있네

한번 쉼에 한 번의 그림자가 따르니
그걸
우리는 도道라 한다

시대적 차원을 넘어서 현실적으로
접근해 보니 그러하다

시인 밤

잠자리에 들 때
평안한 잠 속으로 빠져드려 할 때

소리 없이 내려오는
나의 신神이여!

꿈속을 거닐다 깨어나면
저만치 굴러가 버린 연필은
어둠 속에 숨어 버리고

눈꺼풀은 내려와 무겁게 앉아 있을 때도
어둠 속을 더듬는 손끝은 연필심 끌어오노라!

시노侍奴

세상이 나를 부를 때
세상에 나온 건
항상 하는 존재 같은 것

세상에서 시노侍奴가 올 때
눈 한번 질근 감아 주면 되노니

우주의 편지

산을 바라보는
그대여!
금생은 언제 다 쓰고
남은 생은 또 어떤 것으로 살 것인가
생로병사의 비밀을 푸는 핵심을 가졌다면
그건 곧 너의 심성에 관한 것
우주로 돌아와 산속의 생활을 그리워 할 때
그때 이미 해결 되었으니
나에 대한 깊은 이미지가
세상을 놀라게 하게 될 것이라 해도
세속에 피어난 연꽃을 보게 되나니!

모두에게 희망하노니…

염원

하나뿐인
보물이 이제야
한 호흡하는 삶이 되었다

부처의 품에서
부처로 깨어난다 할지라도
등단登壇의 성공을 기원하며…

설법說法

봉지 속에 알맹이가 없다면
여러분도 그런 삶을 살면 안 되겠지요
그러려면 어떻게 할 것인가!
내 존재를 모르고는 사지 마세요
영글지 않는 걸 먹을 수 없듯
우리 삶도
존재도
그런 것이지요
이 모든 걸 세상에 내놓아야 만이 후회 없는 삶이 될 것이니
비로소 할 일 했다 하리
밖에서 일할 때는 그것이 내 소리
상념의 시간이 필요 없듯 그냥 굴러가는 시간 속이지

의지

강변을 걸을 때
오롯한 홀로처럼

걸림돌의 모든 것은
의지로 밀고 나간다

백지

백지야 너를 안고 어둠을 밝히노니
세상 속에 들어가 자유를 누리거라!

새벽녘 창가
노크로 나를 깨우는 소리

태산을 바위에 비유할 손가!
그것이 어떤 것이든…

소망

기세氣勢 찬 바람이 불어 강물을 쓸어도
강물은 그대로 일러니

인생도 그런 거다
누구도 대신할 수 없듯

그대로 살아도 새로움을 추구해도
내일을 꿈꾸는 건 각자의 몫일 테니

인내

채우려 쓰고 또 써본다
부끄럽게 하지 않기 위해
조금은 인내도 필요할 것이다

소통

소통하는 건
꿈을 위주로 디딤돌이 될 것이니,
오늘의 밝음이 내일도 밝음이기를…

수선화 꽃길에서

나
오늘 보았어
솔바람에 나부끼는 솔잎들의 속삭임을

나
오늘 보았어
수선화 꽃길 거닐 때 내가 내가 꽃이 되었던 걸

수선화 꽃길에서

예언

논리적인 문제에 직면해 가는 의미는
의무감과 책임감에 벗어나는 길
성인도 불러 보고…

소중한 닦음이 진실한 수행
생주이멸生住異滅로 살아가는 세상
유비무환의 시대가 온다

관계 속에서

또 한 번의 기회로 더 알찬 내용으로
이 시대를 이끌어 갈 수 있는 그런 것

시대적으로 환경은
이타적 삶은
참으로 중요한 시기가 올 수 있다

수많은 날이 있다 하나
그걸 어찌 쓸 건지
생각해 봐야 할 문제인 것이다

경험자는 경험을 토대로 하지만
초심자는 무엇으로 할 것인가!

미완성

나무 열매는 익어야 따내는 거거든
시작은 반
포기하지 않기를…

신력의 도^道도 좋아
음양도 도^道 성성적적도 도^道라지

선재의 기특함은
선물의 양을 보는 게 아니라
내용물을 보는 거거든

귀인

우리가 만나고 있는 모든 사람들은
어쩌면 모두가 귀인이 될 수 있을 것입니다
사람을 사람으로 보는 게 아니라
귀인으로 봅니다

당신이 누구이든 그 인연으로 인해
각자 가슴속에 빛나고 있는
숨은 꿈들을 실현시켜 나갈 수 있습니다

재능과 지식

오로지 친절로서 세상을 살다 보면
세상사도 그러할 것이니

하늘이 준 재능일지라도
그저 나를 돌아보는 껍데기에 불과하지만

신성의 도道에 의해 부합하려니
조금은 재능과 지식도 필요한 시대입니다

마음준비

긴 세월 세속적 삶이 쉽지 않지만
준비하는 마음가짐으로 산다

각자의 마음먹기 달린 것이다
본질적 문제에 접근할 만한 행위가 실현되지 않는 한

근원根源

몸뚱이는 쉰 살의 정신
연령은 불혹의 나이로 돌아왔다

강물이 밀려가도 물속은 볼 수 없는데
인간에게 도道는

근원으로 돌아가는 것
이미 밝아져 있으니…

육문에 출입

수성 액체와 무색 체는 필요치 않아
그 어느 것도 필요치 않아

춤추는 신력信力이 있을지언정 형상일 뿐
백지에 쓰는 건 수행의 일부일지라도

현실에 부합한 건 나의 몫이 되는 것이니

숨은 꿈

맑은 영혼은
다 숨은 꿈이 있는 거야

많은 꿈들을 몽땅 엮어
허공에 매달아 두고
실현시키려 노력해 보는 거야

수련공이 포기하지 않고
훌륭한 작품을 만들어 내듯이…

다섯째 마당

이와같이 나는 들었다

닦음의 본질

비호산 달무리가 1문
그리고 서문 내용 중 2문이 존재한다
그걸 파악해 보면 알 수 있듯이 분명한 것은
나로 하여 너에게 나타내는 중문은
열반경보다 쉽게 이해할 수 있을 것이며
시절 인연에 따라 해석할 수 있기에
또 다른 이유로 만날 수 있을런지 모르지만
점차 닦되 닦음이 없이는 절정에 도달해 나갈 수 없으니
실로 그 과정이 해법解法인 것이니
따로 뭘 해야 하는 건 있을 수 없는 것이다

해인삼매

설산 고행 중 21일째
초전법륜 설법 중 해인삼매 두루 덮고
양 손가락 수인 모습 석가여래 아미타여래라
수도修道의 영역이 광범위하니
삼존불을 따로 모실 필요 없지 않은가!
그렇다고 모시지 말라는 건 아닐 것이니
나는 용수도 될 수 있고 지장도 될 수 있을 것이니

진여문眞如門

음의 기운이라는 것은
서로의 감각을 뚫고 일어나는
생각에 의해 나온다.

에너지는 그걸 타파해 중지해
양으로 쓰는 것이다
아름답다 하는 것도 시절 인연에 의해 보일 뿐이지

지금 펼쳐지는 이것은 무엇인가
이 순간 가슴속에 펼쳐지는 이것이…

내 가슴속 고향을 내려다보며
펼쳐지는 환희로운
거대한 자연의 광경을

내 안에 품고 허공 속에
안겨 보고 느끼고 있지

그게 음인 거라
양은 견見인거네
그게 바로 우주 속에 피어나는 공功인 거라

진여문眞如門

즉신성불의 요소

감각적 회동
즉신성불의 요소로 상대에게 보내는 신호

실성實性의 시로 연맥을 이어주는 것은
그림자 같은 것이다
상존 관계의 모습도

실태實態수로 보면 되기에
성공의 밑거름으로 보면 될 것이다

아쉽다 하나 그것 또한
나름대로의 판단과 생각의 차이일 것이니

메시지 2

신통의 힘은 깊지 않으나
그래도 해 볼만한 거다
시대 흐름에 따라 변해야 하는데
그건 어려움이 있겠지
이렇게 내놓을 수 있는 건
또한 시대의 흐름으로 보아
이제는 나서야 할 때인 것 같으니
전 세계적 코로나19 전파로 모든 활동이 중단됨으로 인해
영적 존재에 귀의해 온
결과물이 나온 거니
많은 이들에게 보게 하고 듣게 하여서
마음껏 펼쳐 보거라

운명의 수레바퀴

시간 공간을 활용할 수 있는 것이 중요해
너나없는 공간

신선(神仙)도 모르는 신력을
상수의 결정도 필요 없는 관계성에 착하면
운명도 비켜가는 길

그 어떤 결과도 실패 수로 보면 안 되기에
성공의 밑거름으로 보면 될 것이니

아쉽다 하나 그것 또한 훌륭한 작품일지니,
오는 거로는 지금 이렇게 누구나 똑같이 공평한 것이지
그리 알고 쓰는 것이지

운명의 수레바퀴에 밤새워 쓰는
글이 지금이면 족해 충분한 거지

어제오늘이 지금이니 성공도 실망도 무엇이든
결과물이 되는 것이니
무엇 하나 그르다 할 수 없는 것이니

지은 데로 만든 데로 나오는 것이기에

숨은 상쇠

각자의 내면에 있는 거다
그게 누구야

물어봐
너 말이지
글 읽는 놈, 쓰는 놈

해수관음

영혼의 실타래로
풀려 나오는 것들이 너무 많아
서행의 길도 있을 것이니

빨리 갈 때와 천천히 갈 때의 차이는 분명하다
절대적인 상황과 현실의 무게를
두고 가기에 조금은 인내도 필요할 것이다

신으로 보자면 해수관음이나
영성으로 보자면 나의 영성을 지배하고 있으니
그 또한 오롯한 너의 모습일 것이니

세상을 살아도 육신 없어도
소통하는 건 꿈을 위주로 디딤돌이 될 것이니
오늘의 밝음이 내일도 밝음이 길

계시啓示

특정 종교에서는
세상의 종말이 온다 하였으니
너와 내가 있어
갈등의 법칙을 남겼으니
너와 내가 있음으로써 세상을 만들어간다
그러하니
세상에 볼 수 없는 귀한 법문
'금강경 사구게송' 있으니
이로써 진리를
삼게하라

금강경 사구게송

약이색견아若以色見我 이음以音 성구아聲求我 하면
시인是人 행사도行邪道라
불능견여래不能見如來니라

만일 모양이나 음성으로써
나를 찾으려 하면
이는 곧 삿된 도를 행하는 자라
여래를 길이 볼 수 없으리

심마의 환경

시노侍奴의 주를 잊지 말라
상대가 너를 보호해준다고 착각하지는 마라
순간순간 인연에 의해 올 뿐인 것이지

심마의 환경에 지배당하지 마라
신통에 적멸보궁은 실속의 언쟁이 있다 하나
이러한 것들은 눈감거라

각자의 시나斯我가 있으니 명심할 일
서로가 다르니
경계를 게을리하지 말라

수혹隨惑의 곁에 수혹의 만물이 생존하나니
쓰나미도 오미크론도 하늘의 재앙도
다 거기서 오나니

여섯째 마당

아침에 쓰는 글

밤의 너

어둠 속에 쓴 펜글씨는 사라졌어도
연필 글은 그대로 남아 있었지

어둠의 미혹을 밝음에 해결할 때
미혹에서 벗어남이었지

어리석음에서 밝아지는 것이고
지수화풍 시대가 끝나고

시간적인 공간에서 벗어남이
그대로 불생불멸의 세계로다

임이여!

날 밝으면
두 존상에 번뇌는
이리저리 날뛰어도
봄눈 녹듯 사라지니
이 또한 그와 같이
심지心地에 노는 자는 누구인고!

나이

자연의 온전함에
윤회는 몇 살인고!

묘색^{妙色}신 여래의 길은
험난하고도 아름다운 길이지

수행자

그 길을 택했으니 분명한 건
기다림과 수도의 길이 함께이나
나는 그렇게 할 것입니다

돌담 궁전

싱그러운 햇살에 아침을 맞으며
이곳의 경치에 경이로움이 더해지는 날
한옥의 울타리 보다
서양의 궁전도 괜찮지 않을까
언제나 꿈이었지

돌담이 있고 거기에
꽃들이 고개 내밀고 반기는 희망의 집
돌담 궁전 법당이면 근사하지 않을까

환경의 중요성

또 한 번의 기회로 더 알찬 내용으로
이 시대를 이끌어 갈 수 있는
그런 시대적 환경이
참으로 중요한 시기가 올 수 있지

수많은 날이 있다 하나 그걸 어찌 쓸 건지
경험자는 경험을 토대로 하지만
초심자는 무엇으로 할 것인가!

자성

가까우면서도 멀리 있는 그대
심지의 자성은 본래부터 그대로라
실다움의 정체가 그를 볼 것이니

신세대의 불교

요즘 시대 아이들이 무엇으로 불교에 다가올 것인가
급하고 급한 일이 아닐 수 없음이니
구세대 고정관념을 버려야 한다
감추고 자실게 없는 것이다
이제는 그런 걸 감추어서는 안 된다고 본다
불교가 기독나 타종교에 비해 움츠러드는 건
시대의 부흥에 미치지 못하는 경향이 있기 때문이다
실상의 도(道)에는 참으로 현실성에 계합되는 것이니
세상을 보고 사람을 보고 판단해야 하지만…
누구나 접근성을 가능케 열어 두어야 하기 때문인 것이다

시절 인연

한 번 더 보여준
시절 인연이 도래할 때
서글픈 자리는 사라지고
희망이 찾아왔지

괜한 걱정

우리 집 감나무는
올해 감이 몇 개나 열릴까

그런 걱정은 안 해
자연은 내게 필요한 만큼은 내어주니까

해결 방법

싸리문을 한 바퀴 걷다 보면
해결되지
고심한 것들이…

일곱째 마당

은둔자

존자여!

내 영혼의 존재에 우주를 돌아 돌아와서도
하는 것에 익숙해진 것이

참으로 현실성에 부합한데 용이적이지
순차적인 객이 너도나도 함께하는 거잖아

주객이 뚜렷하지만
너는 용이 되고 나는 객이 되어
주객이 전도되어 하나로 굴러가는구나!

심신心身에 도道가 그걸 말하는 것이고
자성自性에 연결해 보니 곧 공空이더라!
신설로 해석해 보니 나 또한 그러하네

잡념 속에 무념이 있지
끊임없이 흐르는 번뇌의 흐름 뒤에
자성自性의 본바탕이 드러나는구나!
형상도 거기에 굴하지 않고

색色이 거기에
식識이 거기에
근접할 수 없는 8식의 야뢰야식의 근거가
여기에 해당되는 거였구나!

진실 거짓 저장소 있지
그럼 내 몸뚱이 사라질 때는 어떤 것이지!
호숫가 둘레의 길에서 보았지!
오롯이 느낌만이 남아 희열을 느꼈을 때

주인공아!
내가 육신의 옷 벗으면 그때 너는 나이지
수억 년의 근거가 여기 있구나!
어제 근거는 현실에 하나지만
존재적 가치가 없는 것

허나
그걸 가지고 논할 수 없는 거지

실질적 가치는 그 어떤 것도 부정할 수 없지만
현실에 순응하기에 근접함이 조금은 더디는 것이니
영생의 길에 영접을 받아 보리라!

운명

어느 쪽도 거부할 수 없는
운명인 것을

산속의 에너지는
인간이 그대로 느껴지니

우주의 소식은
현실성에 합당한
고차원의 글이리니

도道의 무게

큰절에 앉았다고
도道가 있는 것도 아니고
작은 절이라고
도가 없는 것은 아니지만
실로 그것은
인간의 판단이기에

법맥

절이 오백 년 동안
갇혀 있다 풀려나 열렸지만
지금도
그 옛날의 정기와 에너지의 법맥은 이어져 온다.

하지만
누가 아나!
그걸
숨은 적멸궁은 빛나는데…

욕망

완벽한 삶 속에
그 중 욕망을 채우는 것은 습일 뿐
그 어떤 것도 메이지 않는 것일 뿐
진정한 나를 알고 보니 의미 있는 것

여덟째 마당

멈추지 않는 시간

삼생三生

시대적으로 보아 그 의미가 크다
나 오늘
너로 인해 많은 사실을 알게 됐어

부지런한 전생에 황혼의 아름다운 시점
허나 분명한 건 자리이타의 금생이었지

후생의 목적은
이제 그만 멈출 수 없는 거지

적멸보궁에서

난
내 존재에 귀의했어
아니 확고히 확립했지

봐
저 독사들의 운명을
그들은

너의 너무도 맑은 모습에서
그 어떤 것도 따라갈 수 없다는 걸
깨달았겠지

참으로 고고함에 숙연해진걸
적멸보궁에서…

나한도량에서

작동하는 건 무지가 아니지
신통은 허무하게 된다는 걸

그걸 깨쳤겠지!

사실은 말이야
그거 공상에 불과했지

그건 뭐라 해도
고고해진 너의 향기가 더 고와

십여 년의 세월이 그걸 말하지

두목頭目의 원정

내생來生으로 떠나볼까
사랑이 사랑 아니면 살 수 있다는 것에
없는 시기가 때로 있지
허나 그건 잠시 허상에 불과하지
그 아픈 어떤 고통도 이겨내고
꿈으로 향해 정진할 때 넘어선
십 년의 세월이 비로소 그 꿈을 현실화시키고
성공이 따르는 것이지

과거심過去心 불가득不可得

수많은 날이 날이 아닌 듯
현상계와 하나 된 삶을 살아가 본다

술렁이던 인생사도
고요에 잠겨 버렸다

매몰되었다고 생각했던 인생이
이 자리에 없다

수 억겁 광연의 업이
스스로 녹여져 갔다
심금에 남음은 무엇인가!

하나의 끝점이
다시 새로운 탄생을 이어지는 날

업 2

무념의 시간 속에 현실의 무상으로
또 하나의 살아가는 업이 나타나 있지

누구를 원망하나
그 자리에 또 인연의 고리가 나타나는 걸

나는 이제 말하노라
그걸 가지고 업의 태생에 합류했다 하거니

일본식 궁전은 꿈과 희망에 두고
실현시키리라!

메시지 3

6시^時로 보면 쪼개듯 보이지

한 덩어리 이름 붙여 놓은 것은
인간에게 보내는 메시지이리라

본래 자성에는 시각^{始覺}이 없지
고독의 먼지는 아무것도 아니니

확신

학 날개 펴고 날을 때 보았지
이미 알았었지

서산의 기우는 해는 없다는 걸
한 올로 꿰며 보았다.

곧 떠오르는 태양이 바로 그거

아홉째 마당

비호산 달무리

비호산 달무리를 내면서

영원으로 가는 길에 순간의 설렘으로 살며
그 모든 걸 실현시키는 날
너나없는 공간을 함께 하는 거다
살다 가면 그만이라는 게 아닌
오롯한 깨어 있는 마음으로 살아가기를 염원하며
세상 논란에 신경 쓸 거 없다 봅니다
각자 재능의 끼를 쓰고 살고 있는 것이기에
거기에 인생의 행복감 삶의 만족감이 인간 승리의 완성
그다음 목표가 설정되었던 것이니
이제 그걸 세상에 내놓으려 하는 것이다
그걸 가지고 이론을 설파하며
영적 존재의 모든 것은 내면의 힘에 의해
스스로 인정하기에 거대한 것들이지만
용기를 내어 이 글을 내놓으렵니다

본래 존재

천둥치는 날에도
너의 곁에 있을게

바람 부는 날에도
너의 곁에 있을게

오롯이…

계절의 황혼

겨울바람이 춥기만 한 것도 아니었어
겨울 강바람이 차갑기만 한 것도 아니었어

강바람이 물결 따라 일렁일 때
내 온몸은 희열을 느꼈었지

저녁노을이 강물에 비칠 때

밀려오는 강물 소리 바람 소리도 참 좋았어
물결치다 멈추는 강물도 잔잔해서 좋았구

0시時에 만난 나

하늘이 부르고 바다가 불러도
신神은 거기에
우주도 거기에 있었어

나를 볼 때 있었고
시간 없는 시간 속에

멈추면서 멈추지 않는 위대함이여!
시작도 끝도 없는 너 나 된 시간

그대로 불생불멸이로다!

나의 메시지

임아임아 가는 님아!
나는 나를 나로 본래로 있기를 원한다
실로 없는 것은 아닐진대 무슨 의미가 있는 것일까
진리의 것들을 해탈에 두고
자연의 길로 사는 시간들이 그에 합당한 명분이 되지 않을까

존재로부터…

시인의 시작

심장은 하나이나
쓰는 놈은 여섯 가지 작용이로세!

삼생의 희로애락이 너의 것이 돼
꽃길 또한 이 안에 품고 있네!

후생의 심장이 나를 부를 때
너를 만나고 있었어

목마름이 나를 깨웠지만
우주의 소식으로 너를 만났지

시작은 그렇게 한거였었어

모악산 검산 토굴에서
시인의 시작

달마

잔잔했던 세월은 그렇게 흘러
또 다른 나를 만났다

수상행식受想行識은 볼 수 없으나
아는 놈이 그놈이지

시각始覺이 도래하고 끝이 난다 해도
멸진정滅盡定에 든다 해도

한 발짝을 떼지 않고
삼라만상을 다 삼켜 버렸다

달 안에 토끼가 없네

주어진 시간의 목적은 그것이니
새로운 시대로 나아가는 것

그 무엇을 알았을 때 무엇을 더할 것인가
시각始覺을 노래하고 산다는

신력信力 속의 인내도 불필요不必要해
초승의 달빛이 보여지면 보름달이 된다는 것을…

하루를 쓰다 나를 본다 [마음보기 1]

하루를 쓰다 나를 봅니다
어둠 속 눈알 굴리며

구석구석 나를 찾아
나를 써 봅니다

어제 나 오늘 나
내일 나는 또 어떤 나일까

변화했던 그대로든
속일 수 없는 건 나 자신

병문안 [마음보기 2]

내 안의 나를 본 다 쓸데없이
밖으로 두리번거리지 않고 보는 눈

마음 구석에 웅크리고 있는 탐심
눈뜨려는 탐욕심을 알아챈다

그냥 묻어 두지 말자
부끄러운 나를 만들지 못하게

辛丑年 2월 29일 김제 우석병원에서

극락 춤

님아 임아! 가는 님아
극락으로 가는 님아!

하얀 수건 허공 속에 다리 놓아
춤추는 그 손끝은 사바이며 극락일세!

하얀 다리 구름다리
못다 한 이승의 한 아쉬움 남긴

그 마음은 지금 어디!

용서

강산이 변하도록 용서 못 했던
나를 괴롭히는 생각들
내 자신을 묶고 있는 것들 그런 마음까지

용서하는 날

새싹

꽃 피고 지는 것만 보고 살아도
살맛이 나고요

햇살 받는 봄나무 새싹 움트는 것만 봐도
살맛이 나고요

텃밭에 채소들 파릇파릇 자라나는 것만 봐도
살맛이 나고요

초저녁 지붕 위로 밤하늘에 별과 달을 보는 것도
살맛 난다구요

엄마 생각

돌담 아래 옹기종기
내보다 더 큰 정겨운 장독대

냄새도 좋았지.
봄 햇살은 또 얼매나 따시던지!

"아이우야!
언능 장독 좀 닦아라 잉."

세월 흘러도 울 엄마 생각난다

장 담그는 날

화창한 봄날
따스한 햇살

날씨 참 좋다!
"작년 장맛은 참 좋았지라 잉,
올케도 그럴 것이요"

한낮에 텃밭에
파릇파릇 새싹들도 싱그럽다

봉황산 비애

가시었소
가시었었소
꽃 나비춤 세상을 처음 보게 하시고
붉은 두 볼 빙그레 미소 짓던 날갯짓 춤
수많은 그날들을 두고
그 먼 길 어이 가시었소
장삼 자락 휘날리며
짝짝짝
그 신명은 아직 여기 남아 있는데
정이월 봉황산 자락 임 부르는 소리
애에 타게 들렸소
그리 가시려고
그 먼 길 세찬 빗줄기 아픈 눈물
그 빗물 마지막 가시는 임의 눈물인가 보오!

辛丑年 春

꿈속 화두

사방천지 아침 이슬 머금은 풀숲 사이사이
고개 내미는 고사리
매일매일 꺾으며
"이 뭣고!"

그러던 어느 날 꿈속
허공 속에서 온몸으로 허우적거린다
몸은 없는데 발버둥 친다
아무리 뗄레야 뗄 수가 없다

몸도 꼬리도 없는 이놈이
"허!
머리만이 허공이와
하나 되어
내가 허공인가!

허공이 나인가!

꿈
꿈이었습니다

丁酉(정유)年 6월 3일

혜륜 쓰다

피안의 세계

심성心性은 보려 해도 보이지 않네
대명천지 밝은 달은 누구라도 보듯이

보이지 않는 그 가운데
밝고 밝아 본래로인데
눈 밝은 자만이 볼 수 있나니

그림자 없는 흔적

이 묘력은 이와 같나니
사람도 그러할지니
세상은 나로 하여금
인생을 새롭게 살게 했어

쓸쓸함은 바위에 끼는 먼지일러니
나를 두고 또 무엇을 찾으랴!

새로운 길에 굴러가는
시행의 오차는 있어도
받아들이며 교정해나간다

꽃들의 말 1

창가에 햇살 받으며
꽃들이 속삭인다
세상에 나가면
지금 보다 더 많은
관심과 사랑을 받는다고
속삭여 줍니다

소식

문고 살아온
세월이 있습니다

사계절의 꽃망울을
보여주지 않아도
열매를 맺습니다

꽃잎 싱싱 뿌리내린 소식을
이제는 알 것도 같습니다

작은 행복

차 한 잔이면 족하는 초저녁
가을밤도 밤하늘에 반짝이는 별들도
귀여운 냥이 '골골' 거리며 품에 안겨 오는 것도
초가을 텃밭에 누렇게 익어가는 들깨들을
바라보는 것도
내게는 작은 행복입니다

꽃들의 말 2

진달래꽃이
나를 부를 때

너는 어떡할 거야
그럼 나를 줄게

그래
좋아 봐 줄게

꽃들의 말

깨어남

어둠 속에 혼침은
한 번의 침針심이 나를 깨우고
두 번의 침심은 너를 깨웠지
실恙로 하나 되어 깨어나는 거야

포행

높고 푸른 하늘 바라보며

머릿속 생각 비우기
먼 산 바라보면 마음은 텅

포행하는 건 공부 하는 것

뜬구름은 없다

나를 나로 살지 못하고
신력信力의 힘을 다하지 못해
애고의 흐름이 네가 되어 버린 것이
중생 놀음이라 했거늘
이 자리에서 하나로 굴러갈 때
만법은 하나로 통하나니. 할!

가피

간절한 염원 담아
기도하던 날

광명 빛 쏟아지니
이 뭔고!

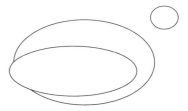

보는 바 없고
듣는 바 없었으니

혼자 아닌 대법당에
홀로 하는 존재여!

그대로가 극락이고 사바여라!

182

불보살님 자비 광명

비로소
불보살님 만났다네

광명
빛 두루 덮고

이 뭣고!

홀로 피어난 연꽃 부처
그대로가 사바일세!

庚子年 冬 천도의식기도 중

평론

정암스님

시인 소재호

'꿈속의 글'은 관음보살의 정취심향正趣心香

- 정암스님 -

혜륜스님의 시詩 '꿈속의 글'은 상, 상, 상의 메타버스 같은 도솔천 내원궁의 소식이요, 관음보살의 정취심향正趣心香이다.

작가는 평소 관세음보살의 화현같은 모습으로 승무 · 지전무 · 관음무 등의 수행정진으로 유정무정의 혼을 천도하며 사회대중의 흥금을 울리며 춤사위가 꿈속에 꿈에서 깨어난 듯 성불의 신심을 일으키는 꿈속의 글이요, 반가운 소식입니다.

독자는 이 시를 통해 힐링이 되고 모두에게 희망인 성불의 꽃을 피울 수 있기를 기원합니다.

불기 2566年 7月 정암 합장

혜륜스님의 '꿈속의 글' 선시禪詩를 평하다

- 시인 소재호 -

제목 : 꿈속의 글

평설 : 관조하여 화두를 풀어가는 주지적 선시禪詩

혜륜스님의 시는 지성과 서정성의 등가적 융합이다.

물음이 있다.

삶의 현장에서 늘 만나는 질문이다.

그 물음은 연달아 물음을 자아낸다.

응답은 이미 그 물음 속에 담겨 있다. 물음이 하나이면 답은 몇 백이 될 수도 있다. 인간의 넓은 세계 인간의 삶 속에서 그 물음들은 영감을 품어내기도 하고 가다가 더러는 성의 화답을 이끌어 내기도 한다.

물음은 철학을 유도 한다.

화두話頭란 게 있다.

화두란 참선 수행을 위한 실마리를 이르는 말로서 고칙古則의 1칙
이다.

고칙이란 깨달음을 위해 참선 하는 수행자에게 본보기 부처나 조
사의 파격적 문답 또는 언행을 말하면서 큰 의심을 일으키게 하는
역설적 질문이나 말이나 문답이다.

한편 선문선답禪門禪答이란 서로 짝이 되는 말이 있는데, 영성의 질
문으로 진리를 깨치면서 현묘한 답을 이끄는 말이다.

사람들은 거의 모두 선문답을 마음에는 품고 있으나 이를 밖으로
표출할 수 없으며, 특별히 수행자만이 능히 이를 자유자재로 구사
한다.

인간이란 신 앞에 독존자이지만 이를 잠재의식 속에서 거뜬히 이
끌어 내는 재주는 따로 있다.

따로 존재하는 자는 언제나 영성에 침잠하고 영성을 빚고 영명한
의식세계로 표징해서 선문선답이 되는 것이다.

백양사에 가면 한 자락 산이 내려오는 즈음에 돌비석 하나 서 있

는데, 글자를 새겨 '이 뭔고'를 툭 던지고 있었다.

화두란 것을 모르는 필자일망정 이 어휘의 여운은 긴 장 한 줄기 파닥이며 흐르듯이 장구했다.

'나는 생각한다. 고로 나는 존재한다.'는 데카르트의 말이 상기 되었다.

이 물음은 수천만의 답을 유도하고 있었다. 소크라데스의 '네 자신을 알라.' 하였듯이 질문이자 스스로 답을 품는 그 상징성은 크고 우람했다.

너는 누구냐, 사람은 왜 사느냐, 어디서 와서 어디로 가는 존재냐, 너의 근원을 아느냐… 등등 얼마든지 파생되는 질문이며 또한 그러한 화답이었다.

저러한 질문은 한 편 중국의 제자 백가어로 답을 유도할 터이고, 현묘한 질문은 영명한 현답을 금방 이끈다.

불성佛性 깊은 선답 또한 당연할 것이다.

그 현답은 혜륜스님의 시편들에서 쏟아져 나왔다.

진리의 광산에서 번쩍번쩍 빛나는 생금 덩어리를 혜륜스님은 파내고 있었다.

혜륜 시인의 시들을 깊이 음미해 보자.

혜륜스님의 시 편편은 시 이전의 문제들마다 존귀한 존재의 근원
이며 본성인 것이다.

현묘한 사유를 품었으되, 시적 언어의 유희로 잠시 변용되어 있는
형모들인 것이다. 혜륜스님의 시 편편은 시 이전의 문제들이다.
존귀한 존재의 근원이며 본성인 것이다.

현묘한 사유를 품었으되, 시적 언어의 유희로 잠시 변용되어 있는
형모들인 것이다.

특히 혜륜스님의 시들은 의미적 요소를 부각시키고 있다.

그러면서 주지主旨시요, 선시禪詩인 셈이다.

지적요소가 승한 작품은 그 개념의 투철함으로 말미암아 상징성
이 퇴화하는데 어찌된 일인지 혜륜스님의 시들은 추상적 개념들
이 역설적으로 형상화의 역류를 타고 있으면서도 상징성은 더욱
강화되고 있는 것이다.

형상화가 순리이든 역리이든 모두 형상화의 범주에 속하는데, 혜
륜스님의 시들은 기풍 면에서 독특하다고 볼 수밖에 없다.

문학의 소기 목적은 감동에 있다고 하는 바 이 시 편들이 풍기는

아우라는 서정성의 감동보다는 진실을 헤아려 깨우치는 희열에서 그 감동이 유래된다고 보아야 할 것이다.

혜륜스님의 시편들은 일상적 보편성의 태도를 벗고, 이성적 격률로 역설적 법리法理의 단계를 밟는다.

한 생을 운영하는 동한 모든 담론들은 이제 따뜻하고 좋은 절기를 만난 꽃으로 태어나고 있는 것이다.

꽃의 안에 정좌定座한 하나의 꽃으로 환생하다.

(극락 춤) 전문 평

하얀 수건은 이승과 저승을 잇는 고리다.

수건은 춤사위인데 죽음을 형상화 한 기교 현묘한 표현이다.

죽음은 동작으로 환치된다.

죽음은 하얗다. 님은 하얀 세상으로 이적한다. 하얀 수건은 하얀 구름이며 하얀극락이다. 손끝 하얀 수건 너울거림은 아직 이승과 극락이다.

사바세계와 저승을 넘나드는 중강지대의 중간 동작이다. 정지와 움직임이 동시에 표상되는 '극락 춤'은 슬픔까지 정화해내는 초

연함이 깃든다. 아름다운 시이다.

(해결방법) 전문 평

솔로몬 담론에 '이 또한 지나 가리!' 라는 말이 있다.

시간이 해결해 준다는 속담도 있거니와 고심한 것들은 나의 마음 정리로 해결의 실마리가 풀린다는 뜻이다.

사실 싸리문 한 바퀴 도는 일이 한 생애의 일생으로 그 상징성이 읽힌다. 그리고 모든 번뇌는 소멸된다.

그 고뇌 또는 번뇌는 헛되고 헛되기 때문이다.

(수선화 꽃길에서) 전문 평

이 시는 매우 시적이다.

그만큼 시적 우수성을 지녔다는 뜻이다.

/솔잎들의 속삭임/은 흔들리는 움직임이 청각적 소리로 들리는 공감각共感覺의 테크닉을 구사했고 다시 이를 /보았다/ 하였으니 시각적 형상으로 관조함으로써 역시 이중 공감각 형태를 취한다.

나는 다시 수선화 꽃으로 둔갑하는 시마詩魔 수준을 보인다.

몰아일체沒我一切의 융합의 묘미를 갖춘다.

/내가 꽃의 길로 열심히 가다 보면 내가 바로 꽃이 된다./는 치환의 수법이 절묘하다.

/솔잎과 수선화/ 이 두 가지 소재로 깊은 의미의 웅덩이를 빚은 시인의 재주가 으뜸인 것이다.

(수은등) 전문 평

중천에 떠 있는 달을 전지전능 한 자의 신령한 모습으로 보았다.

진리를 밝히고 세상을 고루 비추는 부처의 화신쯤으로 상징했다.

세종이 지었다는 부처 숭상의 글로 월인천강지곡月印千江之曲이 있다.

달이 천강에 비춘다는 노래인데 결국 부처가 온 세상을 밝힌다는 의미로 의탁했다.

이 시에서 /달을/그 노을은/숨어 있다.

우주를 섭리하는데 진리는 숨어 있다.

그러나 깨달은 자는 그 노을을 볼 수 있다.

세속의 수은등은 달무리나 노을을 오버랩 시킨다.

수은등은 달무리나 노을을 끌어와 연쇄이미지를 편다. 시적 화자
는 많은 /울림/들을 화집하며 수은등 으로 노래한 것이다.

작은 불빛으로 큰 빛을 유추해 내는 시적 화자는 높은 경지에 올
라 있다.

많은 시들 중에서 임의로 몇 편만 음미해 보았다.

시 공부에만 전념한 분이 아니면서 시편들의 결기는 충출했다.

시적 심경은 경지 높은 불제자의 영혼에 닿아서 상승의 예술성을
빚어냈다.

강의 표면에 반짝이는 작은 물결을 거두고 강심 깊이깊이 침잠해
있는 큰마음을 보았다.

그리고 초월자로서의 세상을 관조하고 계심을 필자는 보았다.

(우주의 편지) 전문 평

윤회는 무한 겁으로 돌고 도는데, 이생에 잠시 머문 자는 산을 보
며 그 심장한 무게의 의지 속에서 우주를 감지한다.

생로병사를 푸는 핵심을 심성에서 유래한다고도 보았다. 결국 일
체유심조一切唯心趙임을 에둘러 표현한다. 우주에서 돌아오거나 우

주로 들어갈 그 초입을 산으로 설정한다. 우주를 독해한 자로서 화자는 저 비오(秘奧)한 산에 거처한다. 그리고 연꽃을 마침내 보게 된다. 연꽃은 큰 상징성을 띤다. 사바세계에 몸담고 있으나 불성에 귀의하는 승화의 자태로서 진리의 꽃봉오리인 셈이다.

수행자가 속세를 완전히 떠남을 거부하는 속세를 보듬는 대자대비의 일환이다.

그리고 남은 생에 희망을 부여하고자 한다.

(꿈속 화두) 전문 평

이 절편은 시적 결기를 충분히 갖춘다.

'이슬머금은 풀숲'은 찰라를 누리는 사바세계일 터이다.

이슬은 대번에 초로인생(草露人生)을 암유하며, '이슬 풀숲'은 그런 생들의 집합인 인간세상일 것이다.

인생 심전(心田)에서 고사리 꺾음에 의문을 만남이겠고, 결국 '이 뭣고'란 화두를 만남이다. 인생 일장춘몽, 한단지몽, 노생지몽, 남가일몽의 고사성어들을 대동하는 '한바탕 꿈'의 세계를 설정하는 시인의 생에 무대는 매우 철학적 설치로 꾸민다. 여기서 내가 허공인지, 허공이 나인지 그 경계를 넘나드는 꿈속의 환상을 시적 무대로 설정했다. 색즉시공色卽是空 공즉시색空卽是色을 유도하는 듯한 설법이다. 나는 존자요, 허공은 '무'인 것이다. '존재와 무'의 넘나듦을 화두로 삼는다.

장자의 나비는 형상을 갖춘 모습인데 여기서는 허공은 비형상의 '무허'인 바 색과 공의 변환인 셈이다. 불교적 법리를 끌어들였으나 화두 '이 뭣고'와 고사리(?)를 연결시키는 이미지 연계가 매우 뛰어나니 이는 깊은 통찰력이며 사려 깊은 관조인 것이다.

이 시에서는 지적 희열감이 샘솟는다.

꿈속의 글

[우주의 메시지]

인쇄 2022년 08월 08일
발행 2022년 08월 16일

지은이 혜명 혜륜(정미화)
발행처 전북 김제 검산 울타리 토굴
본적 전남 여수시 여천군 남면 심장리 심포
전화 010-8644-8832

펴낸이 김윤희
펴낸곳 맑은소리맑은나라
디자인 김창미
출판등록 2000년 7월 10일 제 02-01-295 호
주소 부산광역시 중구 중앙대로 22 동방빌딩 401호
전화 051-255-0263   **팩스** 051-255-0953
이메일 puremind-ms@hanmail.net

값 18,000원
ISBN 978-89-94782-97-3(03220)

시주 구좌 541-02-267728 농협 / 예금주 : 정미화